# Fit werden für den Deutsch-Test für Berufssprachkurse C1



## Sprechen 1-3

Jan Mundhenk

Autor: Jan Mundhenk
Auflage: 1
© 2024
ISBN: 978-3-7597-7774-4
Verlag: BoD • Books on Demand GmbH, In de Tarpen 42, 22848 Norderstedt
Druck: Libri Plureos GmbH, Friedensallee 273, 22763 Hamburg

Abbildungen:
Titelseite und Schmutztitel: Gestaltung Jan Mundhenk, Grafiken vom Autor
Übrige Abbildungen: Jan Mundhenk
Es wurde recherchiert, ob in diesem Werk Abbildungen von Dritten eingesetzt wurden. Sollten Werke von Urheberinnen oder Urhebern nicht ausfindig gemacht worden sein, werden diese bei Bekanntgabe entsprechend der üblichen Regelungen entschädigt.

# Inhaltsverzeichnis

Sprechen 1: Training 1.................................................................................3

Sprechen 2: Training 1 - Prüfling A...............................................................4

Sprechen 2: Training 1 - Prüfling B ..............................................................5

Sprechen 3: Training 1.................................................................................6

Sprechen 1: Training 2.................................................................................7

Sprechen 2: Training 2 - Prüfling A...............................................................8

Sprechen 2: Training 2 - Prüfling B ..............................................................9

Sprechen 3: Training 2...............................................................................10

Sprechen 1: Training 3...............................................................................11

Sprechen 2: Training 3 - Prüfling A.............................................................12

Sprechen 2: Training 2 - Prüfling B ............................................................13

Sprechen 3: Training 3...............................................................................14

Sprechen 1: Training 4...............................................................................15

Sprechen 2: Training 4 - Prüfling A.............................................................16

Sprechen 2: Training 4 - Prüfling B ............................................................17

Sprechen 3 – Training 4 ............................................................................18

Sprechen 1: Training 5...............................................................................19

Sprechen 2: Training 5 - Prüfling A.............................................................20

Sprechen 2: Training 5 - Prüfling B ............................................................21

Sprechen 3: Training 5...............................................................................22

Sprechen 1: Training 6...............................................................................23

Sprechen 2: Training 6 - Prüfling A.............................................................24

Sprechen 2: Training 6 - Prüfling B ............................................................25

Sprechen 3: Training 6...............................................................................26

Sprechen 1: Training 7...............................................................................27

Sprechen 2: Training 7 - Prüfling A.............................................................28

Sprechen 2: Training 7 - Prüfling B ............................................................29

Sprechen 3 – Training 7 ............................................................................30

Sprechen 1: Training 8...............................................................................31

Sprechen 2: Training 8 - Prüfling A.............................................................32

Sprechen 2: Training 8 - Prüfling B ............................................................33

Sprechen 3 – Training 8 ............................................................................34

Sprechen 1: Training 9...............................................................................35

Sprechen 2: Training 9 - Prüfling A.............................................................36

Sprechen 2: Training 9 - Prüfling B ...................................................................................37

Sprechen 3 – Training 9 ...................................................................................................38

Sprechen 1: Training 10...................................................................................................39

Sprechen 2: Training 10 - Prüfling A..............................................................................40

Sprechen 2: Training 10 - Prüfling B..............................................................................41

Sprechen 3 – Training 10 .................................................................................................42

Sprechen 3 – Training 10 .................................................................................................43

Sprechen 1: Training 11...................................................................................................44

Sprechen 2: Training 11 - Prüfling A..............................................................................45

Sprechen 2: Training 11 - Prüfling B..............................................................................46

Sprechen 3 – Training 11 .................................................................................................47

Sprechen 1: Training 12...................................................................................................48

Sprechen 2: Training 12 - Prüfling A..............................................................................49

Sprechen 2: Training 12 - Prüfling B..............................................................................50

Sprechen 3 – Training 12 .................................................................................................51

Sprechen 1 - Training 13..................................................................................................52

Sprechen 2: Training 13 - Prüfling A..............................................................................53

Sprechen 2: Training 13 - Prüfling B..............................................................................54

Sprechen 3 – Training 13 .................................................................................................55

Sprechen 1: Training 14...................................................................................................56

Sprechen 2: Training 14 - Prüfling A..............................................................................57

Sprechen 2: Training 14 - Prüfling B..............................................................................58

Sprechen 3 – Training 14 .................................................................................................59

Sprechen 1: Training 15...................................................................................................60

Sprechen 2: Training 15 - Prüfling A..............................................................................61

Sprechen 2: Training 15 - Prüfling B. .............................................................................6 1

Sprechen 3 – Training 15 .................................................................................................62

# Sprechen 1: Training 1

Thema 1: Sie stellen einen **Arbeitgeber** mit Informationen über seine Produkte oder Dienstleistungsangebote, seine Branche oder den Wirtschaftsbereich, seinen Aufbau und mögliche Abteilungen oder Unternehmensbereiche und Ihre besonderen Aufgaben dort und Spezialitäten dieses Unternehmens vor. Entweder arbeiten Sie dort bereits oder Sie wollen dort in Zukunft arbeiten.

ODER

Thema 3: Sie präsentieren wichtige Ereignisse und Ihre eigenen Erfahrungen zur **Auswahl Ihres Berufes**. Dies kann verschiedene Arbeitsplätze, besondere Personen, Ihre Motivation zur Entscheidung für einen Beruf oder die Konsequenzen dieser Berufswahl betreffen.

**Ablauf:**

Sprechen 1A    Ihr Kurzvortrag (etwa 2 Minuten pro Prüfling)

Sie wählen ein Thema aus und halten Ihren Kurzvortrag.

Sprechen 1B    Rückfragen von Prüferin oder Prüfer an Sie (etwa 2 Minuten pro Prüfling)

Sie beantworten die Fragen zum Kurzvortrag. Zum Beispiel: Erklären Sie ... genauer. Geben Sie ein Beispiel für ...

Sprechen 1C    Rückfragen an Ihre Kollegin/Ihren Kollegen zu Ihren Antworten (etwa 1 Min.)

Ihre Kollegin bzw. Ihr Kollege bekommt nun zu einem Teil Ihrer Antworten eine Frage und beantwortet sie. Die zweite Prüferin oder der zweite Prüfer hat Sie jedoch nicht so gut verstanden. Zum Beispiel: Könnten Sie mir bitte ... noch einmal erläutern? Ich habe es leider noch nicht verstanden.

## Sprechen 2: Training 1 - Prüfling A

Sie treffen eine Kollegin oder einen Kollegen in der Teeküche oder auf dem Flur und haben 1-2 Minuten Zeit für ein kurzes Gespräch unter Kollegen.

Mein Computer läuft heute so gar nicht rund. Ständig bekomme ich E-Mails, die ich gestern schon beantwortet habe als neue E-Mails angezeigt. Wie ist das bei Ihnen?

# Sprechen 2: Training 1 - Prüfling B

Sie treffen eine Kollegin oder einen Kollegen in der Teeküche oder auf dem Flur und haben 1-2 Minuten Zeit für ein kurzes Gespräch unter Kollegen.

Mein Druckauftrag geht in der letzten Zeit immer wieder verloren und ich bekomme die Ausdrucke nicht fertig. Wie ist es bei Ihnen?

## Sprechen 3: Training 1

Situation:

Sie arbeiten in einem Restaurant und nun ist die schnelle Geschirrspülmaschine für Gläser und Tassen kaputt. Dies führt dazu, dass Sie und Ihre Kollegen von Hand abspülen müssen und die Gläser einen weißen Rand und Flecken durch Kalk im Wasser haben. Sie suchen eine schnelle und langfristige Lösung dafür.

Aufgabe:

**Besprechen Sie mit Ihrer Partnerin oder Ihrem Partner, was Sie nun tun können.**

Die folgenden Stichpunkte könnten eine Hilfe sein:

- Installateur/Installateurin anrufen?
- Klarspüler gegen Flecken benutzen?
- Mehr Personal einteilen?
- Mehr Zeit einplanen?
- ...

# Sprechen 1: Training 2

Thema 2: Sie stellen eine gute **Arbeitsumgebung** mit Informationen über besonders hilfreiche Angebote, Möglichkeiten zur eigenen Karriere und eigenen beruflichen Erfahrungen vor. Entweder haben Sie diese Erfahrungen und diese Umgebung bereits gehabt oder Sie wollen in dieser Umgebung in Zukunft gerne arbeiten.

ODER

Thema 7: Sie präsentieren ein existierendes oder mögliches **Produkt oder eine Dienstleistung**. Dabei könnten Sie über bestimmte Eigenschaften, Vorteile für die Kunden, mögliche Nachteile oder Einsatzmöglichkeiten oder erfolgreiche Benutzung sprechen.

**Ablauf:**

Sprechen 1A    Ihr Kurzvortrag (etwa 2 Minuten pro Prüfling)

Sie wählen ein Thema aus und halten Ihren Kurzvortrag.

Sprechen 1B    Rückfragen von Prüferin oder Prüfer an Sie (etwa 2 Minuten pro Prüfling)

Sie beantworten die Fragen zum Kurzvortrag. Zum Beispiel: Erklären Sie ... genauer. Geben Sie ein Beispiel für ...

Sprechen 1C    Rückfragen an Ihre Kollegin/Ihren Kollegen zu Ihren Antworten (etwa 1 Min.)

Ihre Kollegin bzw. Ihr Kollege bekommt nun zu einem Teil Ihrer Antworten eine Frage und beantwortet sie. Die zweite Prüferin oder der zweite Prüfer hat Sie jedoch nicht so gut verstanden. Zum Beispiel: Könnten Sie mir bitte ... noch einmal erläutern? Ich habe es leider noch nicht verstanden.

## Sprechen 2: Training 2 - Prüfling A

Sie treffen eine Kollegin oder einen Kollegen in der Teeküche oder auf dem Flur und haben 1-2 Minuten Zeit für ein kurzes Gespräch unter Kollegen.

Meine Kollegen sind sehr freundlich und gerne würde ich auch einmal privat etwas mit ihnen unternehmen. Wie ist das bei Ihnen?

# Sprechen 2: Training 2 - Prüfling B

Sie treffen eine Kollegin oder einen Kollegen in der Teeküche oder auf dem Flur und haben 1-2 Minuten Zeit für ein kurzes Gespräch unter Kollegen.

Im Intranet habe ich gelesen, dass wir dieses Quartal sehr gut gearbeitet hätten und alle Mitarbeiter einen Bonus bekommen sollen. Was wissen Sie darüber?

## Sprechen 3: Training 2

Situation:

Sie arbeiten in einem Unternehmen und nun ist der zentrale Kopierer mit Duplexdruck, Heftgerät und Locher kaputt. Dies führt dazu, dass Sie und Ihre Kollegen von Hand kopieren, lochen und tackern müssen und einen zweiten Scanner benutzen müssen. Im Ergebnis dauert jeder Prozess dreimal so lange wie zuvor. Sie suchen eine schnelle und langfristige Lösung dafür.

Aufgabe:

**Besprechen Sie mit Ihrer Partnerin oder Ihrem Partner, was Sie nun tun können.**

Die folgenden Stichpunkte könnten eine Hilfe sein:

- Installateur/Installateurin anrufen?
- Schnelleren Kopierer benutzen?
- Mehr Personal einteilen?
- Mehr Zeit einplanen?
- …

# Sprechen 1: Training 3

Thema 1: Sie stellen einen **Arbeitgeber** mit Informationen über seine Produkte oder Dienstleistungsangebote, seine Branche oder den Wirtschaftsbereich, seinen Aufbau und mögliche Abteilungen oder Unternehmensbereiche und Ihre besonderen Aufgaben dort und Spezialitäten dieses Unternehmens vor. Entweder arbeiten Sie dort bereits oder Sie wollen dort in Zukunft arbeiten.

ODER

Thema 4: Sie präsentieren Ihre **Idee für ein eigenes Geschäft oder Unternehmen**. Gehen Sie dabei darauf ein, wo und wie man diese Idee umsetzen kann und für wen die Idee besonders interessant sein könnte. Beschreiben Sie auch, was nur Ihre Geschäftsidee bietet und noch kein Konkurrent oder keine Konkurrentin.

**Ablauf:**

Sprechen 1A    Ihr Kurzvortrag (etwa 2 Minuten pro Prüfling)

Sie wählen ein Thema aus und halten Ihren Kurzvortrag.

Sprechen 1B    Rückfragen von Prüferin oder Prüfer an Sie (etwa 2 Minuten pro Prüfling)

Sie beantworten die Fragen zum Kurzvortrag. Zum Beispiel: Erklären Sie ... genauer. Geben Sie ein Beispiel für ...

Sprechen 1C    Rückfragen an Ihre Kollegin/Ihren Kollegen zu Ihren Antworten (etwa 1 Min.)

Ihre Kollegin bzw. Ihr Kollege bekommt nun zu einem Teil Ihrer Antworten eine Frage und beantwortet sie. Die zweite Prüferin oder der zweite Prüfer hat Sie jedoch nicht so gut verstanden. Zum Beispiel: Könnten Sie mir bitte ... noch einmal erläutern? Ich habe es leider noch nicht verstanden.

## Sprechen 2: Training 3 - Prüfling A

Sie treffen eine Kollegin oder einen Kollegen in der Teeküche oder auf dem Flur und haben 1-2 Minuten Zeit für ein kurzes Gespräch unter Kollegen.

Unsere Kollegin Anne feiert nächste Woche ihr 25-jähriges Firmenjubiläum. Aber ich habe noch keine Idee für ein Geschenk. Was könnten wir ihr denn bloß schenken?

## Sprechen 2: Training 2 - Prüfling B

Sie treffen eine Kollegin oder einen Kollegen in der Teeküche oder auf dem Flur und haben 1-2 Minuten Zeit für ein kurzes Gespräch unter Kollegen.

Mein Büronachbar hat mir erzählt, dass wir ab jetzt jeden Monat 20 Überstunden gratis machen sollen. Wie finden Sie das?

## Sprechen 3: Training 3

Situation:

Sie arbeiten in einer Fahrradwerkstatt und nun ist die Hebebühne für Fahrräder kaputt. Dies führt dazu, dass Sie und Ihre Kollegen die Fahrräder von Hand anheben müssen und am Abend einen starken Muskelkater haben. Sie suchen eine schnelle und langfristige Lösung dafür.

Aufgabe:

**Besprechen Sie mit Ihrer Partnerin oder Ihrem Partner, was Sie nun tun können.**

Die folgenden Stichpunkte könnten eine Hilfe sein:

- Installateur/Installateurin anrufen?
- Hebebühne gegen neue Bühne austauschen?
- Mehr Personal einteilen?
- Mehr Zeit einplanen?
- …

# Sprechen 1: Training 4

Thema 2: Sie stellen eine gute **Arbeitsumgebung** mit Informationen über besonders hilfreiche Angebote, Möglichkeiten zur eigenen Karriere und eigenen beruflichen Erfahrungen vor. Entweder haben Sie diese Erfahrungen und diese Umgebung bereits gehabt oder Sie wollen in dieser Umgebung in Zukunft gerne arbeiten.

ODER

Thema 5: Sie präsentieren Ihren **Ablauf zum Finden einer passenden Stelle**. Gehen Sie dabei auf die Stellenangebote und die Suche, die erste Vorstellung und Bewerbung und weitere Aspekte ein.

**Ablauf:**

Sprechen 1A    Ihr Kurzvortrag (etwa 2 Minuten pro Prüfling)

Sie wählen ein Thema aus und halten Ihren Kurzvortrag.

Sprechen 1B    Rückfragen von Prüferin oder Prüfer an Sie (etwa 2 Minuten pro Prüfling)

Sie beantworten die Fragen zum Kurzvortrag. Zum Beispiel: Erklären Sie ... genauer. Geben Sie ein Beispiel für ...

Sprechen 1C    Rückfragen an Ihre Kollegin/Ihren Kollegen zu Ihren Antworten (etwa 1 Min.)

Ihre Kollegin bzw. Ihr Kollege bekommt nun zu einem Teil Ihrer Antworten eine Frage und beantwortet sie. Die zweite Prüferin oder der zweite Prüfer hat Sie jedoch nicht so gut verstanden. Zum Beispiel: Könnten Sie mir bitte ... noch einmal erläutern? Ich habe es leider noch nicht verstanden.

## Sprechen 2: Training 4 - Prüfling A

Sie treffen eine Kollegin oder einen Kollegen in der Teeküche oder auf dem Flur und haben 1-2 Minuten Zeit für ein kurzes Gespräch unter Kollegen.

In letzter Zeit rufen immer wieder viele aufgeregte Kunden an und fragen, ob wir insolvent geworden sind. Was wissen Sie darüber?

# Sprechen 2: Training 4 - Prüfling B

Sie treffen eine Kollegin oder einen Kollegen in der Teeküche oder auf dem Flur und haben 1-2 Minuten Zeit für ein kurzes Gespräch unter Kollegen.

Vorgestern erhielt ich eine Einladung zum Personalgespräch. Wie könnte man sich darauf am besten vorbereiten?

# Sprechen 3 – Training 4

Situation:

Sie arbeiten in einem Bauunternehmen und nun ist der Bagger für das Ausheben der Fundamente kaputt. Sie haben aber nur diesen einen Bagger zur Verfügung. Dies führt dazu, dass Sie und Ihre Kollegen von Hand die Baugrube für die Fundamente ausheben müssen und der Bau nun viermal so lange wie vereinbart dauern wird. Die Kunden sind sehr ärgerlich darüber und Ihre Kollegen sehr erschöpft. Sie suchen eine schnelle und langfristige Lösung dafür.

Aufgabe:

**Besprechen Sie mit Ihrer Partnerin oder Ihrem Partner, was Sie nun tun können.**

Die folgenden Stichpunkte könnten eine Hilfe sein:

-   Baumaschinenschlosserin/-schlosser oder Installateur/Installateurin anrufen?
-   Andere Baustelle vorher weiter bearbeiten?
-   Mehr Personal einteilen?
-   Mehr Zeit einplanen?
-   …

## Sprechen 1: Training 5

Thema 1: Sie präsentieren wichtige Aspekte für ein **Vorstellungsgespräch** oder **Bewerbungsgespräch**. Gehen Sie dabei auf die mögliche Vorbereitung, Antworten auf Fragen, passende Kleidung, hilfreiche und weniger nützliche Strategien ein.

ODER

Thema 3: Sie präsentieren wichtige Ereignisse und Ihre eigenen Erfahrungen zur **Auswahl Ihres Berufes**. Dies kann verschiedene Arbeitsplätze, besondere Personen, Ihre Motivation zur Entscheidung für einen Beruf oder die Konsequenzen dieser Berufswahl betreffen.

**Ablauf:**

Sprechen 1A    Ihr Kurzvortrag (etwa 2 Minuten pro Prüfling)

Sie wählen ein Thema aus und halten Ihren Kurzvortrag.

Sprechen 1B    Rückfragen von Prüferin oder Prüfer an Sie (etwa 2 Minuten pro Prüfling)

Sie beantworten die Fragen zum Kurzvortrag. Zum Beispiel: Erklären Sie ... genauer. Geben Sie ein Beispiel für ...

Sprechen 1C    Rückfragen an Ihre Kollegin/Ihren Kollegen zu Ihren Antworten (etwa 1 Min.)

Ihre Kollegin bzw. Ihr Kollege bekommt nun zu einem Teil Ihrer Antworten eine Frage und beantwortet sie. Die zweite Prüferin oder der zweite Prüfer hat Sie jedoch nicht so gut verstanden. Zum Beispiel: Könnten Sie mir bitte ... noch einmal erläutern? Ich habe es leider noch nicht verstanden.

## Sprechen 2: Training 5 - Prüfling A

Sie treffen eine Kollegin oder einen Kollegen in der Teeküche oder auf dem Flur und haben 1-2 Minuten Zeit für ein kurzes Gespräch unter Kollegen.

Unsere Stammkunden sind in der letzten Zeit spürbar weniger geworden. Was könnten wir dafür tun, um Kunden zurückzugewinnen?

# Sprechen 2: Training 5 - Prüfling B

Sie treffen eine Kollegin oder einen Kollegen in der Teeküche oder auf dem Flur und haben 1-2 Minuten Zeit für ein kurzes Gespräch unter Kollegen.

Morgen haben wir eine Betriebsversammlung im Unternehmen. Was könnte dabei Thema sein und wie sollte man sich darauf vorbereiten?

## Sprechen 3: Training 5

Situation:

Sie arbeiten in einem Restaurant und nun sind einige Lebensmittel verdorben, weil die Kühlung im Lager ausgefallen ist. Dies führt dazu, dass Sie und Ihre Kollegen Lebensmittel nachbestellen mussten und alle Essen später auf den Tischen der Gäste ankommen. Sie suchen eine schnelle und langfristige Lösung dafür.

Aufgabe:

**Besprechen Sie mit Ihrer Partnerin oder Ihrem Partner, was Sie nun tun können.**

Die folgenden Stichpunkte könnten eine Hilfe sein:

- Installateur/Installateurin anrufen?
- Trockeneis oder Eis zum Kühlen einsetzen?
- Neue Kühlung kaufen?
- Mehr Personal einteilen?
- Mehr Zeit einplanen?
- …

# Sprechen 1: Training 6

Thema 3: Sie präsentieren wichtige Ereignisse und Ihre eigenen Erfahrungen zur **Auswahl Ihres Berufes**. Dies kann verschiedene Arbeitsplätze, besondere Personen, Ihre Motivation zur Entscheidung für einen Beruf oder die Konsequenzen dieser Berufswahl betreffen.

ODER

Thema 7: Sie präsentieren ein existierendes oder mögliches **Produkt oder eine Dienstleistung**. Dabei könnten Sie über bestimmte Eigenschaften, Vorteile für die Kunden, mögliche Nachteile oder Einsatzmöglichkeiten oder erfolgreiche Benutzung sprechen.

**Ablauf:**

Sprechen 1A    Ihr Kurzvortrag (etwa 2 Minuten pro Prüfling)

Sie wählen ein Thema aus und halten Ihren Kurzvortrag.

Sprechen 1B    Rückfragen von Prüferin oder Prüfer an Sie (etwa 2 Minuten pro Prüfling)

Sie beantworten die Fragen zum Kurzvortrag. Zum Beispiel: Erklären Sie ... genauer. Geben Sie ein Beispiel für ...

Sprechen 1C    Rückfragen an Ihre Kollegin/Ihren Kollegen zu Ihren Antworten (etwa 1 Min.)

Ihre Kollegin bzw. Ihr Kollege bekommt nun zu einem Teil Ihrer Antworten eine Frage und beantwortet sie. Die zweite Prüferin oder der zweite Prüfer hat Sie jedoch nicht so gut verstanden. Zum Beispiel: Könnten Sie mir bitte ... noch einmal erläutern? Ich habe es leider noch nicht verstanden.

## Sprechen 2: Training 6 - Prüfling A

Sie treffen eine Kollegin oder einen Kollegen in der Teeküche oder auf dem Flur und haben 1-2 Minuten Zeit für ein kurzes Gespräch unter Kollegen.

Vor einigen Wochen sind die Prozesse für den Versand von Paketen geändert worden. Was wissen Sie darüber und welche Erfahrungen haben Sie damit gemacht?

# Sprechen 2: Training 6 - Prüfling B

Sie treffen eine Kollegin oder einen Kollegen in der Teeküche oder auf dem Flur und haben 1-2 Minuten Zeit für ein kurzes Gespräch unter Kollegen.

Unser Kollege aus der Finanzabteilung darf seinen Hund mit zur Arbeit bringen. Welche Haustiere haben Sie und können Sie diese auch mit zur Arbeit bringen?

## Sprechen 3: Training 6

Situation:

Sie arbeiten in einem Seniorenheim und nun sind die schnelle Waschmaschine für schmutzige Wäsche und das Sterilisationsgerät für benutzte medizinische Instrumente kaputt. Dies führt dazu, dass Sie und Ihre Kollegen von Hand waschen müssen und die Wäsche der Bewohner erst drei Tage später sauber ist. Sie suchen eine schnelle und langfristige Lösung dafür.

Aufgabe:

**Besprechen Sie mit Ihrer Partnerin oder Ihrem Partner, was Sie nun tun können.**

Die folgenden Stichpunkte könnten eine Hilfe sein:

- Installateur/Installateurin anrufen?
- Externe Wäscherei einsetzen?
- Mehr Personal einteilen?
- Mehr Zeit einplanen?
- ...

# Sprechen 1: Training 7

Thema 2: Sie stellen eine gute **Arbeitsumgebung** mit Informationen über besonders hilfreiche Angebote, Möglichkeiten zur eigenen Karriere und eigenen beruflichen Erfahrungen vor. Entweder haben Sie diese Erfahrungen und diese Umgebung bereits gehabt oder Sie wollen in dieser Umgebung in Zukunft gerne arbeiten.

ODER

Thema 4: Sie präsentieren Ihre **Idee für ein eigenes Geschäft oder Unternehmen**. Gehen Sie dabei darauf ein, wo und wie man diese Idee umsetzen kann und für wen die Idee besonders interessant sein könnte. Beschreiben Sie auch, was nur Ihre Geschäftsidee bietet und noch kein Konkurrent oder keine Konkurrentin.

**Ablauf:**

Sprechen 1A    Ihr Kurzvortrag (etwa 2 Minuten pro Prüfling)

Sie wählen ein Thema aus und halten Ihren Kurzvortrag.

Sprechen 1B    Rückfragen von Prüferin oder Prüfer an Sie (etwa 2 Minuten pro Prüfling)

Sie beantworten die Fragen zum Kurzvortrag. Zum Beispiel: Erklären Sie ... genauer. Geben Sie ein Beispiel für ...

Sprechen 1C    Rückfragen an Ihre Kollegin/Ihren Kollegen zu Ihren Antworten (etwa 1 Min.)

Ihre Kollegin bzw. Ihr Kollege bekommt nun zu einem Teil Ihrer Antworten eine Frage und beantwortet sie. Die zweite Prüferin oder der zweite Prüfer hat Sie jedoch nicht so gut verstanden. Zum Beispiel: Könnten Sie mir bitte ... noch einmal erläutern? Ich habe es leider noch nicht verstanden.

## Sprechen 2: Training 7 - Prüfling A

Sie treffen eine Kollegin oder einen Kollegen in der Teeküche oder auf dem Flur und haben 1-2 Minuten Zeit für ein kurzes Gespräch unter Kollegen.

Unsere Kantine hat vor einiger Zeit die Preise für das Mittagessen erhöht und deshalb koche ich nun immer selbst und bringe mir mein Essen mit zur Arbeit. Wie gestalten Sie Ihr Mittagessen?

# Sprechen 2: Training 7 - Prüfling B

Sie treffen eine Kollegin oder einen Kollegen in der Teeküche oder auf dem Flur und haben 1-2 Minuten Zeit für ein kurzes Gespräch unter Kollegen.

Wir dürfen jetzt eine Stunde pro Woche auf Kosten unseres Chefs ins Fitnessstudio gehen und ich habe großes Interesse daran. Was tun Sie, um gesund und fit zu bleiben?

## Sprechen 3 – Training 7

Situation:

Sie arbeiten in einem Restaurant und nun sind die Köche mit einer Erkrankung arbeitsunfähig und zu Hause statt in der Küche. Dies führt dazu, dass Sie und Ihre Kollegen vom Service aushelfen müssen und nicht mehr so viele Kollegen die Gäste bedienen können. Sie suchen eine schnelle und langfristige Lösung dafür.

Aufgabe:

**Besprechen Sie mit Ihrer Partnerin oder Ihrem Partner, was Sie nun tun können.**

Die folgenden Stichpunkte könnten eine Hilfe sein:

- Installateur/Installateurin anrufen?
- Vorherige Kollegen anrufen?
- Mehr Personal einteilen?
- Mehr Zeit einplanen?
- …

# Sprechen 1: Training 8

Thema 2: Sie stellen eine gute **Arbeitsumgebung** mit Informationen über besonders hilfreiche Angebote, Möglichkeiten zur eigenen Karriere und eigenen beruflichen Erfahrungen vor. Entweder haben Sie diese Erfahrungen und diese Umgebung bereits gehabt oder Sie wollen in dieser Umgebung in Zukunft gerne arbeiten.

ODER

Thema 5: Sie präsentieren Ihren **Ablauf zum Finden einer passenden Stelle**. Gehen Sie dabei auf die Stellenangebote und die Suche, die erste Vorstellung und Bewerbung und weitere Aspekte ein.

**Ablauf:**

Sprechen 1A    Ihr Kurzvortrag (etwa 2 Minuten pro Prüfling)

Sie wählen ein Thema aus und halten Ihren Kurzvortrag.

Sprechen 1B    Rückfragen von Prüferin oder Prüfer an Sie (etwa 2 Minuten pro Prüfling)

Sie beantworten die Fragen zum Kurzvortrag. Zum Beispiel: Erklären Sie ... genauer. Geben Sie ein Beispiel für ...

Sprechen 1C    Rückfragen an Ihre Kollegin/Ihren Kollegen zu Ihren Antworten (etwa 1 Min.)

Ihre Kollegin bzw. Ihr Kollege bekommt nun zu einem Teil Ihrer Antworten eine Frage und beantwortet sie. Die zweite Prüferin oder der zweite Prüfer hat Sie jedoch nicht so gut verstanden. Zum Beispiel: Könnten Sie mir bitte ... noch einmal erläutern? Ich habe es leider noch nicht verstanden.

## Sprechen 2: Training 8 - Prüfling A

Sie treffen eine Kollegin oder einen Kollegen in der Teeküche oder auf dem Flur und haben 1-2 Minuten Zeit für ein kurzes Gespräch unter Kollegen.

Unsere Abteilung bekommt seit vier Wochen regelmäßig Besuch von einem Physiotherapeuten oder einer Physiotherapeutin, die dabei helfen beim Arbeiten entspannt zu bleiben. Was tun Sie für Ihre Entspannung bei Stress am Arbeitsplatz?

# Sprechen 2: Training 8 - Prüfling B

Sie treffen eine Kollegin oder einen Kollegen in der Teeküche oder auf dem Flur und haben 1-2 Minuten Zeit für ein kurzes Gespräch unter Kollegen.

Wir dürfen jetzt eine Stunde pro Woche auf Kosten unseres Chefs ins Fitnessstudio gehen und ich habe großes Interesse daran. Was tun Sie, um gesund und fit zu bleiben?

# Sprechen 3 – Training 8

Situation:

Sie arbeiten in einem Krankenhaus und nun sind die Kollegen auf Ihrer Station teilweise im Urlaub und teilweise erkrankt, sodass Sie nur noch zu zweit in jeder Schicht arbeiten. Dies führt dazu, dass Sie und Ihre Kollegen viel mehr Arbeit leisten müssen und nicht mehr so viele Tage zur Erholung zwischen den Schichten haben. Sie suchen eine schnelle und langfristige Lösung dafür.

Aufgabe:

**Besprechen Sie mit Ihrer Partnerin oder Ihrem Partner, was Sie nun tun können.**

Die folgenden Stichpunkte könnten eine Hilfe sein:

- Teamleitung ansprechen?
- Aushilfen einsetzen?
- Mehr Personal einteilen?
- Mehr Zeit einplanen?
- …

# Sprechen 1: Training 9

Thema 1: Sie stellen einen **Arbeitgeber** mit Informationen über seine Produkte oder Dienstleistungsangebote, seine Branche oder den Wirtschaftsbereich, seinen Aufbau und mögliche Abteilungen oder Unternehmensbereiche und Ihre besonderen Aufgaben dort und Spezialitäten dieses Unternehmens vor. Entweder arbeiten Sie dort bereits oder Sie wollen dort in Zukunft arbeiten.

ODER

Thema 3: Sie präsentieren wichtige Ereignisse und Ihre eigenen Erfahrungen zur **Auswahl Ihres Berufes**. Dies kann verschiedene Arbeitsplätze, besondere Personen, Ihre Motivation zur Entscheidung für einen Beruf oder die Konsequenzen dieser Berufswahl betreffen.

**Ablauf:**

Sprechen 1A    Ihr Kurzvortrag (etwa 2 Minuten pro Prüfling)

Sie wählen ein Thema aus und halten Ihren Kurzvortrag.

Sprechen 1B    Rückfragen von Prüferin oder Prüfer an Sie (etwa 2 Minuten pro Prüfling)

Sie beantworten die Fragen zum Kurzvortrag. Zum Beispiel: Erklären Sie ... genauer. Geben Sie ein Beispiel für ...

Sprechen 1C    Rückfragen an Ihre Kollegin/Ihren Kollegen zu Ihren Antworten (etwa 1 Min.)

Ihre Kollegin bzw. Ihr Kollege bekommt nun zu einem Teil Ihrer Antworten eine Frage und beantwortet sie. Die zweite Prüferin oder der zweite Prüfer hat Sie jedoch nicht so gut verstanden. Zum Beispiel: Könnten Sie mir bitte ... noch einmal erläutern? Ich habe es leider noch nicht verstanden.

## Sprechen 2: Training 9 - Prüfling A

Sie treffen eine Kollegin oder einen Kollegen in der Teeküche oder auf dem Flur und haben 1-2 Minuten Zeit für ein kurzes Gespräch unter Kollegen.

Meine Mittagspause geriet in der letzten Zeit häufiger zu kurz zum Essen und Entspannen. Wie gestalten Sie Ihre Mittagspause?

# Sprechen 2: Training 9 - Prüfling B

Sie treffen eine Kollegin oder einen Kollegen in der Teeküche oder auf dem Flur und haben 1-2 Minuten Zeit für ein kurzes Gespräch unter Kollegen.

Wir dürfen jetzt eine Stunde pro Woche auf Kosten unseres Chefs an einem Sportkurs teilnehmen und ich habe großes Interesse daran. Was tun Sie, um sportlich zu bleiben?

# Sprechen 3 – Training 9

Situation:

Sie arbeiten in einem Krankenhaus und es gab eine Infektion auf vielen Stationen, dadurch sind nun viele Patienten erkrankt und Ihre Kollegen. Dies führt dazu, dass Sie und Ihre Kollegen auf anderen Stationen aushelfen müssen und nicht mehr so viele Kollegen gleichzeitig die Patienten betreuen können. Sie suchen eine schnelle und langfristige Lösung dafür.

Aufgabe:

**Besprechen Sie mit Ihrer Partnerin oder Ihrem Partner, was Sie nun tun können.**

Die folgenden Stichpunkte könnten eine Hilfe sein:

- Teamleitung anrufen?
- Kollegen mit Urlaub anrufen?
- Mehr Personal einteilen?
- Mehr Zeit einplanen?
- ...

# Sprechen 1: Training 10

Thema 2: Sie stellen eine gute **Arbeitsumgebung** mit Informationen über besonders hilfreiche Angebote, Möglichkeiten zur eigenen Karriere und eigenen beruflichen Erfahrungen vor. Entweder haben Sie diese Erfahrungen und diese Umgebung bereits gehabt oder Sie wollen in dieser Umgebung in Zukunft gerne arbeiten.

ODER

Thema 7: Sie präsentieren ein existierendes oder mögliches **Produkt oder eine Dienstleistung**. Dabei könnten Sie über bestimmte Eigenschaften, Vorteile für die Kunden, mögliche Nachteile oder Einsatzmöglichkeiten oder erfolgreiche Benutzung sprechen.

**Ablauf:**

Sprechen 1A    Ihr Kurzvortrag (etwa 2 Minuten pro Prüfling)

Sie wählen ein Thema aus und halten Ihren Kurzvortrag.

Sprechen 1B    Rückfragen von Prüferin oder Prüfer an Sie (etwa 2 Minuten pro Prüfling)

Sie beantworten die Fragen zum Kurzvortrag. Zum Beispiel: Erklären Sie … genauer. Geben Sie ein Beispiel für …

Sprechen 1C    Rückfragen an Ihre Kollegin/Ihren Kollegen zu Ihren Antworten (etwa 1 Min.)

Ihre Kollegin bzw. Ihr Kollege bekommt nun zu einem Teil Ihrer Antworten eine Frage und beantwortet sie. Die zweite Prüferin oder der zweite Prüfer hat Sie jedoch nicht so gut verstanden. Zum Beispiel: Könnten Sie mir bitte … noch einmal erläutern? Ich habe es leider noch nicht verstanden.

## Sprechen 2: Training 10 - Prüfling A

Sie treffen eine Kollegin oder einen Kollegen in der Teeküche oder auf dem Flur und haben 1-2 Minuten Zeit für ein kurzes Gespräch unter Kollegen.

Unsere Abteilung hat vor einiger Zeit feste Tage und Zeiten für die Teammeetings beschlossen, aber manchmal kommt mir etwas dazwischen. Wie bereiten Sie sich auf Sitzungen und Besprechungen im Beruf vor?

# Sprechen 2: Training 10 - Prüfling B

Sie treffen eine Kollegin oder einen Kollegen in der Teeküche oder auf dem Flur und haben 1-2 Minuten Zeit für ein kurzes Gespräch unter Kollegen.

Wir dürfen jetzt eine Stunde pro Woche auf Kosten unseres Chefs privat ins Internet gehen und ich habe großes Interesse daran. Was tun Sie, um über Neues informiert zu bleiben?

# Sprechen 3 – Training 10

Situation:

Sie arbeiten in einer Werkstatt und stellen Möbel her, dazu benötigen Sie mehrere große Maschinen. Diese Maschinen sind miteinander vernetzt und geben sich die Informationen für die Aufträge weiter. Seit einem Angriff auf die IT durch Hacker mussten alle Maschinen vom Internet getrennt werden und Sie warten auf eine neue Vernetzung mit einer Firewall. Nun müssen Sie alle Informationen selbst bei den einzelnen Maschinen eingeben und brauchen dafür die vierfache Zeit. Sie suchen eine schnelle und langfristige Lösung dafür.

Aufgabe:

**Besprechen Sie mit Ihrer Partnerin oder Ihrem Partner, was Sie nun tun können.**

Die folgenden Stichpunkte könnten eine Hilfe sein:

- Installateur/Installateurin anrufen?
- Netzwerkspezialist oder IT-Mitarbeiter anrufen?
- Mehr Personal einteilen?
- Mehr Zeit einplanen?
- …

# Sprechen 3 – Training 10

Situation:

Sie arbeiten in einem Restaurant und nun sind die Köche mit einer Erkrankung arbeitsunfähig und zu Hause statt in der Küche. Dies führt dazu, dass Sie und Ihre Kollegen vom Service aushelfen müssen und nicht mehr so viele Kollegen die Gäste bedienen können. Sie suchen eine schnelle und langfristige Lösung dafür.


Aufgabe:

**Besprechen Sie mit Ihrer Partnerin oder Ihrem Partner, was Sie nun tun können.**

Die folgenden Stichpunkte könnten eine Hilfe sein:

- Installateur/Installateurin anrufen?
- Vorherige Kollegen anrufen?
- Mehr Personal einteilen?
- Mehr Zeit einplanen?
- ...

# Sprechen 1: Training 11

Thema 1: Sie stellen einen **Arbeitgeber** mit Informationen über seine Produkte oder Dienstleistungsangebote, seine Branche oder den Wirtschaftsbereich, seinen Aufbau und mögliche Abteilungen oder Unternehmensbereiche und Ihre besonderen Aufgaben dort und Spezialitäten dieses Unternehmens vor. Entweder arbeiten Sie dort bereits oder Sie wollen dort in Zukunft arbeiten.

ODER

Thema 4: Sie präsentieren Ihre **Idee für ein eigenes Geschäft oder Unternehmen.** Gehen Sie dabei darauf ein, wo und wie man diese Idee umsetzen kann und für wen die Idee besonders interessant sein könnte. Beschreiben Sie auch, was nur Ihre Geschäftsidee bietet und noch kein Konkurrent oder keine Konkurrentin.

**Ablauf:**

Sprechen 1A    Ihr Kurzvortrag (etwa 2 Minuten pro Prüfling)

Sie wählen ein Thema aus und halten Ihren Kurzvortrag.

Sprechen 1B    Rückfragen von Prüferin oder Prüfer an Sie (etwa 2 Minuten pro Prüfling)

Sie beantworten die Fragen zum Kurzvortrag. Zum Beispiel: Erklären Sie ... genauer. Geben Sie ein Beispiel für ...

Sprechen 1C    Rückfragen an Ihre Kollegin/Ihren Kollegen zu Ihren Antworten (etwa 1 Min.)

Ihre Kollegin bzw. Ihr Kollege bekommt nun zu einem Teil Ihrer Antworten eine Frage und beantwortet sie. Die zweite Prüferin oder der zweite Prüfer hat Sie jedoch nicht so gut verstanden. Zum Beispiel: Könnten Sie mir bitte ... noch einmal erläutern? Ich habe es leider noch nicht verstanden.

# Sprechen 2: Training 11 - Prüfling A

Sie treffen eine Kollegin oder einen Kollegen in der Teeküche oder auf dem Flur und haben 1-2 Minuten Zeit für ein kurzes Gespräch unter Kollegen.

Unser Unternehmen hat vor einiger Zeit einen Chor gegründet und sucht aktuell noch Mitglieder zum Mitsingen. Welche Musik machen oder hören Sie am liebsten?

# Sprechen 2: Training 11 - Prüfling B

Sie treffen eine Kollegin oder einen Kollegen in der Teeküche oder auf dem Flur und haben 1-2 Minuten Zeit für ein kurzes Gespräch unter Kollegen.

Man wird unser Unternehmen wohl in einer anderen Stadt neu aufbauen. Wie mobil sind Sie und würden Sie in die neue Stadt umziehen?

# Sprechen 3 – Training 11

Situation:

Sie arbeiten in einer Werkstatt und zwei Kollegen geraten bei jedem Teamtreffen miteinander in den Streit. Ein Kollege hat dem anderen Kollegen sogar schon körperliche Gewalt angedroht. Sie arbeiten mit beiden Kollegen gerne zusammen und wollen eine Lösung finden. Sie suchen eine schnelle und langfristige Lösung dafür.

Aufgabe:

**Besprechen Sie mit Ihrer Partnerin oder Ihrem Partner, was Sie nun tun können.**

Die folgenden Stichpunkte könnten eine Hilfe sein:

- Gespräch einplanen?
- Teamleitung ansprechen?
- Schichtplan mit verschiedenen Schichten für beide Mitarbeiter einteilen?
- Mehr Zeit einplanen?
- …

# Sprechen 1: Training 12

Thema 2: Sie stellen eine gute **Arbeitsumgebung** mit Informationen über besonders hilfreiche Angebote, Möglichkeiten zur eigenen Karriere und eigenen beruflichen Erfahrungen vor. Entweder haben Sie diese Erfahrungen und diese Umgebung bereits gehabt oder Sie wollen in dieser Umgebung in Zukunft gerne arbeiten.

ODER

Thema 5: Sie präsentieren Ihren **Ablauf zum Finden einer passenden Stelle**. Gehen Sie dabei auf die Stellenangebote und die Suche, die erste Vorstellung und Bewerbung und weitere Aspekte ein.

**Ablauf:**

Sprechen 1A    Ihr Kurzvortrag (etwa 2 Minuten pro Prüfling)

Sie wählen ein Thema aus und halten Ihren Kurzvortrag.

Sprechen 1B    Rückfragen von Prüferin oder Prüfer an Sie (etwa 2 Minuten pro Prüfling)

Sie beantworten die Fragen zum Kurzvortrag. Zum Beispiel: Erklären Sie … genauer. Geben Sie ein Beispiel für …

Sprechen 1C    Rückfragen an Ihre Kollegin/Ihren Kollegen zu Ihren Antworten (etwa 1 Min.)

Ihre Kollegin bzw. Ihr Kollege bekommt nun zu einem Teil Ihrer Antworten eine Frage und beantwortet sie. Die zweite Prüferin oder der zweite Prüfer hat Sie jedoch nicht so gut verstanden. Zum Beispiel: Könnten Sie mir bitte … noch einmal erläutern? Ich habe es leider noch nicht verstanden.

## Sprechen 2: Training 12 - Prüfling A

Sie treffen eine Kollegin oder einen Kollegen in der Teeküche oder auf dem Flur und haben 1-2 Minuten Zeit für ein kurzes Gespräch unter Kollegen.

Bei der Arbeit mit dem Computer habe ich oft Schmerzen mit meinen Augen und Kopfschmerzen. Wie gestalten Ihre Arbeit möglichst gesund?

## Sprechen 2: Training 12 - Prüfling B

Sie treffen eine Kollegin oder einen Kollegen in der Teeküche oder auf dem Flur und haben 1-2 Minuten Zeit für ein kurzes Gespräch unter Kollegen.

Unsere Kollegen planen einen großen Betriebsausflug mit einer Kanutour auf einem Fluss. Welchen Wassersport machen Sie am liebsten?

## Sprechen 3 – Training 12

Situation:

Sie arbeiten in einem Restaurant und nun sind die Köche mit einer Erkrankung arbeitsunfähig und zu Hause statt in der Küche. Dies führt dazu, dass Sie und Ihre Kollegen vom Service aushelfen müssen und nicht mehr so viele Kollegen die Gäste bedienen können. Sie suchen eine schnelle und langfristige Lösung dafür.

Aufgabe:

**Besprechen Sie mit Ihrer Partnerin oder Ihrem Partner, was Sie nun tun können.**

Die folgenden Stichpunkte könnten eine Hilfe sein:

- Installateur/Installateurin anrufen?
- Vorherige Kollegen anrufen?
- Mehr Personal einteilen?
- Mehr Zeit einplanen?
- ...

# Sprechen 1 - Training 13

Thema 1: Sie präsentieren wichtige Aspekte für ein **Vorstellungsgespräch** oder **Bewerbungsgespräch**. Gehen Sie dabei auf die mögliche Vorbereitung, Antworten auf Fragen, passende Kleidung, hilfreiche und weniger nützliche Strategien ein.


ODER


Thema 3: Sie präsentieren wichtige Ereignisse und Ihre eigenen Erfahrungen zur **Auswahl Ihres Berufes**. Dies kann verschiedene Arbeitsplätze, besondere Personen, Ihre Motivation zur Entscheidung für einen Beruf oder die Konsequenzen dieser Berufswahl betreffen.



**Ablauf:**

Sprechen 1A    Ihr Kurzvortrag (etwa 2 Minuten pro Prüfling)

Sie wählen ein Thema aus und halten Ihren Kurzvortrag.


Sprechen 1B    Rückfragen von Prüferin oder Prüfer an Sie (etwa 2 Minuten pro Prüfling)

Sie beantworten die Fragen zum Kurzvortrag. Zum Beispiel: Erklären Sie ... genauer. Geben Sie ein Beispiel für ...


Sprechen 1C    Rückfragen an Ihre Kollegin/Ihren Kollegen zu Ihren Antworten (etwa 1 Min.)

Ihre Kollegin bzw. Ihr Kollege bekommt nun zu einem Teil Ihrer Antworten eine Frage und beantwortet sie. Die zweite Prüferin oder der zweite Prüfer hat Sie jedoch nicht so gut verstanden. Zum Beispiel: Könnten Sie mir bitte ... noch einmal erläutern? Ich habe es leider noch nicht verstanden.

# Sprechen 2: Training 13 - Prüfling A

Sie treffen eine Kollegin oder einen Kollegen in der Teeküche oder auf dem Flur und haben 1-2 Minuten Zeit für ein kurzes Gespräch unter Kollegen.

In unserer Abteilung wird eine neue Stelle für eine stellvertretende Teamleitung ausgeschrieben. Welche Erfahrungen haben Sie als Führungskraft oder Leitung eines Teams?

## Sprechen 2: Training 13 - Prüfling B

Sie treffen eine Kollegin oder einen Kollegen in der Teeküche oder auf dem Flur und haben 1-2 Minuten Zeit für ein kurzes Gespräch unter Kollegen.


Meine Probezeit ist endlich geschafft. Wie verliefen Ihre ersten 100 Tage im neuen Job?

# Sprechen 3 – Training 13

Situation:

Sie arbeiten in einer Werkstatt und reparieren Lastwagen und nun sind die Materialien dafür aufgrund eines Unfalls beim Lieferanten nicht rechtzeitig genug bei Ihnen angekommen und Sie können die weiteren Reparaturen nicht wie geplant ausführen. Dies führt dazu, dass Sie und Ihre Kollegen vom Service den Kollegen aus der Werkstatt aushelfen müssen und nicht mehr so viele Kollegen die Kunden bedienen können. Sie suchen eine schnelle und langfristige Lösung dafür.

Aufgabe:

**Besprechen Sie mit Ihrer Partnerin oder Ihrem Partner, was Sie nun tun können.**

Die folgenden Stichpunkte könnten eine Hilfe sein:

- Teamleitung ansprechen?
- Lieferanten kontaktieren?
- Mehr Personal einteilen?
- Mehr Zeit einplanen?
- ...

# Sprechen 1: Training 14

Thema 3: Sie präsentieren wichtige Ereignisse und Ihre eigenen Erfahrungen zur **Auswahl Ihres Berufes**. Dies kann verschiedene Arbeitsplätze, besondere Personen, Ihre Motivation zur Entscheidung für einen Beruf oder die Konsequenzen dieser Berufswahl betreffen.

ODER

Thema 7: Sie präsentieren ein existierendes oder mögliches **Produkt oder eine Dienstleistung**. Dabei könnten Sie über bestimmte Eigenschaften, Vorteile für die Kunden, mögliche Nachteile oder Einsatzmöglichkeiten oder erfolgreiche Benutzung sprechen.

**Ablauf:**

Sprechen 1A　　Ihr Kurzvortrag (etwa 2 Minuten pro Prüfling)

Sie wählen ein Thema aus und halten Ihren Kurzvortrag.

Sprechen 1B　　Rückfragen von Prüferin oder Prüfer an Sie (etwa 2 Minuten pro Prüfling)

Sie beantworten die Fragen zum Kurzvortrag. Zum Beispiel: Erklären Sie ... genauer. Geben Sie ein Beispiel für ...

Sprechen 1C　　Rückfragen an Ihre Kollegin/Ihren Kollegen zu Ihren Antworten (etwa 1 Min.)

Ihre Kollegin bzw. Ihr Kollege bekommt nun zu einem Teil Ihrer Antworten eine Frage und beantwortet sie. Die zweite Prüferin oder der zweite Prüfer hat Sie jedoch nicht so gut verstanden. Zum Beispiel: Könnten Sie mir bitte ... noch einmal erläutern? Ich habe es leider noch nicht verstanden.

## Sprechen 2: Training 14 - Prüfling A

Sie treffen eine Kollegin oder einen Kollegen in der Teeküche oder auf dem Flur und haben 1-2 Minuten Zeit für ein kurzes Gespräch unter Kollegen.

Unser Unternehmen bietet E-Bikes mit einem günstigen Kauf und Ratenzahlung an und übernimmt das Risiko eines Diebstahls über eine Versicherung. Fahren Sie lieber mit dem Rad oder mit dem Bus oder der Bahn zur Arbeit?

## Sprechen 2: Training 14 - Prüfling B

Sie treffen eine Kollegin oder einen Kollegen in der Teeküche oder auf dem Flur und haben 1-2 Minuten Zeit für ein kurzes Gespräch unter Kollegen.

Unser Unternehmen arbeitet mit einem neuen Anbieter von E-Autos zusammen und ermöglicht uns die Miete eines solchen Autos für private Fahrten. Fahren Sie lieber mit einem E-Auto oder mit einem Motorrad oder einem Fahrrad?

# Sprechen 3 – Training 14

Situation:

Sie arbeiten in einem Team und ein Kollege verfolgt eine Kollegin bis zu ihr nach Hause (Stalking). Sie hat um Hilfe gebeten und kann ihm schlecht ein Stopp-Signal geben. Dies führt dazu, dass Sie und Ihre Kollegen nicht mehr normal mit den beiden Kollegen zusammenarbeiten können. Sie suchen eine schnelle und langfristige Lösung dafür.

Aufgabe:

**Besprechen Sie mit Ihrer Partnerin oder Ihrem Partner, was Sie nun tun können.**

Die folgenden Stichpunkte könnten eine Hilfe sein:

- Betriebsrat ansprechen?
- Gespräch mit Kollegen führen?
- Teamleitung ansprechen?
- Konsequenzen einplanen?
- …

# Sprechen 1: Training 15

Thema 2: Sie stellen eine gute **Arbeitsumgebung** mit Informationen über besonders hilfreiche Angebote, Möglichkeiten zur eigenen Karriere und eigenen beruflichen Erfahrungen vor. Entweder haben Sie diese Erfahrungen und diese Umgebung bereits gehabt oder Sie wollen in dieser Umgebung in Zukunft gerne arbeiten.

ODER

Thema 4: Sie präsentieren Ihre **Idee für ein eigenes Geschäft oder Unternehmen.** Gehen Sie dabei darauf ein, wo und wie man diese Idee umsetzen kann und für wen die Idee besonders interessant sein könnte. Beschreiben Sie auch, was nur Ihre Geschäftsidee bietet und noch kein Konkurrent oder keine Konkurrentin.

**Ablauf:**

Sprechen 1A    Ihr Kurzvortrag (etwa 2 Minuten pro Prüfling)

Sie wählen ein Thema aus und halten Ihren Kurzvortrag.

Sprechen 1B    Rückfragen von Prüferin oder Prüfer an Sie (etwa 2 Minuten pro Prüfling)

Sie beantworten die Fragen zum Kurzvortrag. Zum Beispiel: Erklären Sie … genauer. Geben Sie ein Beispiel für …

Sprechen 1C    Rückfragen an Ihre Kollegin/Ihren Kollegen zu Ihren Antworten (etwa 1 Min.)

Ihre Kollegin bzw. Ihr Kollege bekommt nun zu einem Teil Ihrer Antworten eine Frage und beantwortet sie. Die zweite Prüferin oder der zweite Prüfer hat Sie jedoch nicht so gut verstanden. Zum Beispiel: Könnten Sie mir bitte … noch einmal erläutern? Ich habe es leider noch nicht verstanden.

## Sprechen 2: Training 15 - Prüfling A

Sie treffen eine Kollegin oder einen Kollegen in der Teeküche oder auf dem Flur und haben 1-2 Minuten Zeit für ein kurzes Gespräch unter Kollegen.

Unsere Teamleitung will uns nun mehr in den Teamsitzungen einbinden und uns einzelne Sitzungen moderieren lassen. Wie sollten wir dabei mitmachen?

## Sprechen 2: Training 15 - Prüfling B

Sie treffen eine Kollegin oder einen Kollegen in der Teeküche oder auf dem Flur und haben 1-2 Minuten Zeit für ein kurzes Gespräch unter Kollegen.

Unsere Teamleitung will mit uns ein Teamtraining draußen im Wald und an einem Fluss machen. Wie finden Sie Aktivitäten außerhalb der Arbeit mit den Kollegen und der Teamleitung zusammen?

# Sprechen 3 – Training 15

Situation:

Sie arbeiten in einer Gebäudereinigungsfirma und putzen Räume in Unternehmen. Dabei kommt eine Poliermaschine zur hygienischen Reinigung der Fußböden zum Einsatz. Diese ist jedoch nicht mehr bereit und kaputt gegangen. Dies führt dazu, dass Sie und Ihre Kollegen viel mehr Zeit benötigen und die Vorgaben Ihrer Teamleitung zur Reinigung der Räume zeitlich nicht mehr schaffen können, und außerdem sind die Fußböden nicht mehr so sauber wie sonst. Sie suchen eine schnelle und langfristige Lösung dafür.

Aufgabe:

**Besprechen Sie mit Ihrer Partnerin oder Ihrem Partner, was Sie nun tun können.**

Die folgenden Stichpunkte könnten eine Hilfe sein:

- Monteur/Monteurin anrufen?
- Vorherige Kollegen anrufen?
- Mehr Personal einteilen?
- Mehr Zeit einplanen?
- …